El ÁTICO de los gatitos

5

Un proyecto CUDETUR. Asociación Cultural para la promoción de la Cultura, el deporte y el Turismo desde Andalucía.

Edita : La Quinta Rosa

Dirección: Rosario Troncoso

Equipo de edición: Rosario Troncoso y José Manuel Rosario

Maquetación: La Quinta Rosa

Foto de portada: Pixabay/Gellinger

Montaje de portada: La Quinta Rosa

Con la colaboración de:

Revista Cultural Blanco Sobre Negro

Impreso en España

Contacto

email: gatitos@blancosobrenegro.es

web: www.blancosobrenegro.es

Índice felino

Editorial

Por motivos personales decidí la pasada primavera decir adiós a la publicación en papel de la revista infantil y juvenil que durante cinco años ha ido creciendo y avanzando hasta llegar a muchos más corazones de los que en un principio pensaba. Son muchos los pequeños lectores y autores que esperan encontrar un lugar donde puedan verse reflejadas sus inquietudes culturales, una publicación a la medida de sus deseos. Por eso mi amigo José Manuel Rosario, quien toma el relevo en un proyecto tan maravilloso, y servidora hemos decidido no dejar morir del todo este sueño: El ático de los gatitos vuelve a la carga en formato digital descargable e impresión bajo demanda, de momento. No descartamos continuar de otra manera.

Su esencia, intacta. Y el cariño revisado y aumentado, pues siempre logramos rodearnos de buena gente para cuidar, alimentar y mimar a estos gatos pequeños que son muy grandes.

Espero, esperamos, que a este camino nuevo no se le vea el final.

¿Quién maúlla con nosotros?

Mentorías Universitarias

Coordina María Jesús Paredes Duarte

PENSAMIENTO

Cierro los ojos y sin parpadear

busco una luz en la oscuridad,

todo palpita y está presente

pero poco a poco se desvanece.

Intento que nada quede alrededor

salvo los pensamientos en mi interior.

Suena una música como celestial

y en mi cabeza empiezo a tararear.

Lentamente se hace el silencio.

Yo me aventuro en un presente incierto.

Exploro mi conciencia, quizás pueda encontrar

un plano, una idea, un hilo del que tirar.

Pero todo da vueltas ya sin parar.

Hay voces, colores, sonidos y el mar.

Tanto que me abruma y me detengo a respirar

Un soplo, una brisa, viento y sal.

Esto cambia de repente y ya no escucho el océano,

sino la música blanca y susurrante del invierno.

Inspiro, espiro, me inspiro y respiro.

Cambia de nuevo el tiempo y desaparece el frío.

Ya no hay sendero, hay cuatro paredes repletas.

Y huele a polvo, a lápiz y a libreta.

Una sala silenciosa para despegar los pies del suelo

y leyendo alzar el vuelo

Abandono mi paz interior y abro los ojos.

Vuelve el ruido, luz desde mil focos.

Gente que sueña a mi alrededor.

Con solo un parpadeo vuelvo a este esplendor.

Raquel Rodríguez Mulero. IES Zaframagón (Olvera)

Para resguardar

aquel eterno frío,

busca cobijo

Color naranja

nostalgia que nos lleva

melancolía

Hojas alzadas

es viento primaveral,

simples adelfas

África Vázquez Iglesias. IES Virgen del Carmen (Puerto Real)

Presiento algo

que me deja sin dormir,

tiempos confusos.

Marina Bianca Sace Olmedo. IES Caepionis (Chipiona)

El lago helado mira con curiosidad un paisaje hermoso con montañas de punta blanca donde se ven hormigas bajando por la ladera con rapidez. Un bosque frondoso a la orilla del charco entraña misteriosos secretos que no desea compartir. El cielo de hoy está despejado y un águila desesperada surca por la carretera del cielo buscando su próxima víctima.

Todo el entorno está en una inmensa paz y silencio. La belleza reina en aquel lugar. Las montañas lucen imponentes ante la pequeña colina a mi derecha. Ya me mira la laguna. Mi reflejo sonríe al ver tanta tranquilidad. El agua es cristalina y limpia. Un tímido pez se acerca a mi canoa, por curiosidad, aunque no sabe que la curiosidad mató al gato.

Sara Martín Abou
IES Pintor Juan Lara (El Puerto de Santa María)

El otro día, soñé con una historia que podía hacerse algún día realidad.

Salía como todos los mediosdías del instituto con mis amigos. Una suave brisa me anunció que alguien más allá de la calle me esperaba. Un gran latido del corazón me afirmó mis sospechas.

Ella estaba allí, sonriendo mientras le saludaba emocionado. Una simple mirada, llena de inocencia, inundó mis pensamientos, al ver sus ojos clavados en los misos poco a poco el sentimiento que se alojaba en lo profundo de mi corazón, quería a gritos llamar su atención. Mis brazos la arroparan fuertemente, eran como fuertes camas dónde resguardarse.

Todo era muy bonito, era un sueño. Todas las noches sueño con tenerla a mi lado, agarrarle de la mano y sin piedad abrazarla. Mirarle a los ojos y decir que nada ha cambiado... porque ella siempre será la niña que me llene el alma. Gritando en el silencio de mis pensamiento te busco, pero sólo en mis sueños te encuentro. Cuando despierto todas las mañanas vuelvo a la realidad y sólo hay una verdad: "la distancia nos separa".

Andrés Santos Salvatierra
(IES José Cadalso)

Gatitos Viajeros

VINE DE CHINA

Mª Jesús Paredes Duarte
Amanda Yan Palacios Paredes

Cuentan que hubo una vez en la historia que, debido a la gran población habitante de la región, las mamás de China decidieron repartir sus bebés por el mundo. Y así es como vine yo, cruzando medio mundo de la mano de mi familia adoptiva, hasta llegar a un lugar de España llamado Andalucía y a un entorno pequeñito que se llama Cádiz.

Nací en Guangzhou –antigua Cantón- por eso dicen que soy cantonesa, las mujeres con más fama de cabezotas y empecinadas de toda la región de China. Guangzhou es una enorme ciudad de la provincia de Guandong, con rascacielos altísimos que se iluminan por la noche y casi tocan las estrellas. Una vez subimos en un barco, en un crucero turístico que atraviesa el río Amarillo y los contemplamos todos. El espectáculo fue impresionante: los edificios, los puentes, las luces de neón sobre la negra oscuridad. Cuando llegamos a casa, mi madre colgó muchos cuadros con las fotos que hicimos aquella noche y yo las miro al pasar por la escalera y no me olvido nunca de mi tierra.

También hay en Guangzhou descomunales templos con imágenes de Buda que pueden alcanzar más de cinco metros. Cuando entras, un silencio sepulcral te hace pensar que no hay nadie dentro, pero, en el momento en el que acostumbras los ojos a la penumbra, ves a una ingente cantidad de personas flexionadas en el suelo, orando. En mi país, el budismo tiene mucho de meditación, de paz y de respeto. Tengo una foto de mi hermano encendiendo varitas de incienso y clavándolas en una especie de sepulcro de piedra. Había miles de ellas. Nos dijeron que

representaban las almas de los hombres y que Buda a través de estas ofrendas nos protegería. Como una especie de santuario de velas, del que solemos encontrar en las iglesias del catolicismo.

Pero lo que más me gustaba de mi ciudad eran los parques, plagados de flores y frutas tropicales –a mí me encanta comer fruta-, con grandes estanques lleno de

nenúfares, pagodas infinitas y columpios en los que montarme. En uno de ellos, luce grandísimo el símbolo de mi ciudad: una escultura con cinco cabras. Según la tradi-

ción, hace muchos muchos años, Guangzhou era una ciudad estéril y seca, pero aparecieron cinco genios, con trajes de cinco colores, montados en cinco cabras que, tocando una bella canción, repartieron arroz para toda la población. Luego, las cabras se convirtieron en roca, los genios desaparecieron pero, desde entonces, la ciudad fue próspera y rica.

Sin embargo, no todo es idílico en mi tierra, también hay zonas de pobreza con mercados pestilentes y gente que vive en el suelo, áreas suburbiales a los lados del delta de río de las Perlas. Es un mundo de contrastes que callejea parejo. En la actualidad, el desarrollo de importantes ferias de innovación tecnológica atrae al turismo hacia estos lugares menos atractivos.

Sin duda, lo mejor, es que no vine sola en mi viaje. Además de mi familia adoptiva, viajé con 7 niños y niñas. La mayoría de ellos vivían en mi mismo orfanato, tal como demuestran las fotos que mi madre celosamente guarda en un álbum rojo lleno de letras chinas y que se lo entregaron el día que me conoció. Son mis hermanos de cuna.

Al igual que yo, estos niños han venido a vivir a España y nos encontramos cada año en una ciudad. Entre ellos se encuentra mi mejor amigo, aquel que dormía en la litera de arriba conmigo y que, en las noches más oscuras de Guangzhou, me asía fuertemente la mano y me llamaba por mi nombre chino. Mi nombre chino... Dicen que significa en español "aquella que es cándida y elegante" y que me lo pusieron porque es el nombre de la hija de una de las cantantes más famosas de China. También tengo recuerdos de mi amiga Wu Si Lu –Gusiluz como a ella le gusta llamarse cuando habla de su pasado- traviesa y despreocupada, a quien castigaban sin ver la tele y la que se ha hecho tan andaluza o incluso más que yo misma.

Soy muy morena como casi todas las chinas del sur y no tengo los ojos tan rayados como algunas de mis hermanas de cuna, a las que miro cada vez que nos encontramos por si le han salido las pestañas. Yo no sé si tengo muchas pestañas –alguna sí que hay- pero el tema no me preocupa porque la amiga de mamá me ha regalado un gran cofre de maquillaje que tiene pestañas postizas por si las necesitara en alguna ocasión. Me encanta maquillarme, disfrazarme, bailar y soñar despierta. Adoro los volantes, los lunares y los abanicos como buena andaluza, pero estos se mezclan en mi armario con vestiditos de corte oriental, adornados con flores de loto y de mi color favorito, el rojo, símbolo de la cultura china. Y mis comidas preferidas, como no podía ser de otro modo, son la tortilla de patatas y el arroz tres delicias.

En definitiva, una fusión de culturas, un rostro oriental con acento andaluz, una española de nacionalidad, con sus ojos y su corazón en China. Allí nací y aquí vivo. Es mi historia, como la de tantos y tantos niños que, al igual que yo, vinieron de muy lejos para quedarse.

KITCHEN
BON TEA
Cakes
APPÉTIT
Pastries
Cookies
HOT
Cup
TEA
BRAS
CUISI
CO
KIT
APPÉTiT
Cup
Cup

La Asamblea de las Gominolas

Las gominolas rojas estaban muy enfadadas. Venían observando desde hacía unas semanas que las gominolas rosas y las verdes eran las más demandadas por los niños cuando salían de clase. Tan demandadas que diariamente, Juan, el kioskero, tenía que reponer mercancía. Pero eso sí, solo se acababan las gominolas rosas y las verdes. Cada mediodía ocurría lo mismo, llegaban los niños, cogían su bolsita del dispensador y empezaba a seleccionar gominolas. Siempre las rosas y las verdes, dejando en el fondo del bote de cristal a las azules, a las

naranjas y a las amarillas. Y a las rojas, claro está, que estaban muy enfadadas.

- Oye –le dijo una gominola roja a otra azul- ¿no os habéis dado cuenta de que los niños solo se llevan a las rosas y a las verdes?

- No- contestó la gominola azul muerta de sueño- no me había fijado... Llevo tanto tiempo en este bote de cristal, viendo siempre las mismas caras...

- ¿Vosotras tampoco?- les gritó a las amarillas y a las naranjas que estaban mirando embobadas la tapadera del bote por si se movía- ¡Tampoco os habéis dado cuenta! Es inadmisible. Convivimos en un bote de gominolas absolutamente alienadas y estúpidas.

Las gominolas naranjas, amarillas y azules comenzaron a lloriquear

- Dále, ya están las lloronas estas. Seguid, seguid llorando… –dijo la gominola roja tan enfadada que casi se había vuelto morada. Está visto y comprobado que hay que tomar una determinación. Y hay que tomarla, ya.

Aquella tarde, después de soportar el bochornoso espectáculo de cada día y después de despedir con la mejor de las sonrisas falsas a las gominolas rosas y verdes que se iban muy contentas en las bolsitas de los niños, la gominola roja convocó una asamblea en el fondo del bote de cristal.

- A ver, a ver –dijo con voz seria. Cada una de vosotras tendrá que buscar una explicación lógica a este problema. Luego, entre todas, y por votación, decidiremos cuál es la mejor forma de solucionarlo.

- Yo sé por qué no nos quieren- dijo una gominola azul. Nadie nos lleva porque estamos duras.

Entonces, las gominolas se mordieron unas a otras y dijeron "no, no estamos duras". Y dijo otra, "ya lo sé, ya lo sé, es que no tenemos colores bonitos". Pero la gominola roja sentenció "el rojo, el azul, el naranja y el amarillo son colores tan bonitos como el rosa y el verde". Y todas asintieron, pensativas. En ese momento, las naranjas comenzaron a llorar y a llorar y a llorar. Y todas las demás las siguieron…

La gominola roja iba a estallar, cuando de pronto se dio cuenta de algo: con las lágrimas el azúcar se iba cayendo de sus pequeños cuerpos y se quedaba en el fondo del bote de cristal. Se fue fijando en cada una de sus compañeras y efectivamente, ninguna tenía tanto azúcar como las gominolas rosas y verdes, que siempre estaban contentas. Los niños se las llevaban porque eran las más dulces.

- Atención, atención… a partir de este momento queda prohibido llorar y lamentarse. Haremos el baile de las gominolas por turnos en el fondo del recipiente y procuraremos que el azúcar nos cubra por completo ¿Habéis entendido?

Al día siguiente, volvieron las risas de los niños al salir del cole, y volvieron a agitar las bolsitas delante del bote de cristal repleto de gominolas brillantes y azucaradas.

- Son nuevas, hay chuches nuevas- dijeron los niños

Y empezaron a llenar sus bolsas con gominolas rojas, y azules y rosas y verdes y amarillas y naranjas.

- Adiós, adiós –se decían alegres las gominolas cuando iban saliendo del gigantesco bote de cristal. Sonreid siempre y recordad que sonriendo seréis muuuucho más dulces.

Yolanda Vallejo.

Ta
len

tum

Taller Literario Talentum

HAIKU

DANIELA DOMINGUEZ

Cuando las flores

bailan al son del viento

un rumor bello.

Afuera viento

una brisa calurosa

que nos envuelve.

MANUEL GONZÁLEZ

Las hojas caen

de los grandes cerezos.

Es un mar rosa.

Las vacas comen

en el grandioso prado

pastan felices.

Las barbas corren

carpas me hacen cosquillas.

Divinidad.

LUCÍA ALMAGRO

Solo yo puedo

mostrar todo el color

para tus ojos.

Tus ojos de oro

de seda conjuntaron

el bello sol.

LIRAS

PABLO SÁNCHEZ

Agarrarme a ti.

Sentirte cerca en la lejanía

y no reconocerte

aun estando aquí

aun estando tus manos sobre las mías

LUCÍA ALMAGRO

El muro de la vida

tiene todo su poder en las manos

para arrebatarlo,

hay que recordar la valentía

y para siempre así.

TALLER LITERARIO TALENTUM

Víctor Soto. Jerez de la Frontera. 11 Años

La literatura siempre me ha motivado porque desde los tres años he estado interesado por las artes escénicas. A los cinco años les pedí a los reyes magos "un teatro y algo más". La película y el musical que más me gustó y me sigue gustando es el rey león y a los siete años adapté a mi manera el guion y lo he interpretado con mis primos en fiestas de cumpleaños. En navidades he representado el nacimiento de jesús, cuyo guion también he adaptado yo. La literatura me salva del aburrimiento. Gracias a rosario troncoso estoy escribiendo un libro.

Víctor, ha representado el gran showman y el rey león en dos grandes salas de jerez.

Pablo Sánchez, Conil. 12 Años.

Nací en 2007 con la crisis. Siempre he vivido en un ambiente feliz y acomodado lo que no quita que sufriera viendo sufrir a mi país y al mundo. Amo la literatura porque siempre ha estado ahí. Siempre estuvo cuando vi por primera vez a hombres muriendo en el mediterráneo, estuvo cuando eeuu alcanzaba la supremacía cuántica mientras morían de hambre niños en yemen y estuvo cuando me ahogaba en vasos de agua. Escribo para pagarle a la literatura esa deuda porque me toca a mí salvar a otros.

Julia Soto, Jerez de la Frontera. 9 Años.

La literatura me ha gustado desde chica y cuando tenía unos seis años más o menos, aprendí a escribir y le escribía cuentos a mi madre y después mi hermano mayor, como le gusta el teatro, y empezó a hacer guiones, como el gran showman y el rey león.

Luego descubrí talentum y nos apuntamos mi hermano y yo. Y nos encanta.

Francisco Sánchez, El Puerto de Santa María. 14 Años.

Estoy en el taller de escritura creativa por diversión, para conocer a más gente y también aprender cosas distintas. En la escritura me desahogo un poco. Me relaja escribir, y leer también, pero soy muy exigente a la hora de escoger un libro.

Nuria Roca, Cádiz. 10 Años.

Me gusta mucho escribir y leer también, pero depende del argumento del libro. Me lo he pasado muy bien en el taller y he aprendido mucho sobre la escritura de narrativa. Me gustaría ser escritora de libros de fantasía y misterio.

Daniela Domínguez. El Puerto de Santa María. 11 Años.

Yo soy muchas cosas: hija, hermana, nieta, bisnieta, mejor amiga y persona. Estoy en el taller por que para mí la literatura no es solo un texto, un poema, ni palabras bonitas que riman. Para mí es la forma perfecta de expresar lo que siento, y de liberarme de todo.

Lucía Almagro. El Puerto de Santa María. 11 Años.

Me gusta estar aquí en el taller de escritura porque la literatura, los cuentos, la poesía, los relatos cortos, etc., Me apasionan muchísimo. Prefiero que una editorial me publique todos mis libros que viajar a américa y hacer un curso completo. Me siento muy bien al escribir porque me llena de alegría y toda esa alegría la pongo en el papel.

Izan Lohaiza Muñoz, Las Cabezas de San Juan, 13 años.

Estoy en el taller porque quiero aprender a escribir correctamente. ¿Qué quiero decir con eso? Pues que quiero escribir de forma creativa, ordenada, coherente y lógica para poder entretener y alegrar a quien lea lo que yo escribo.

Marina Martin, San Fernando, 14 años.

Me considero una persona ambiciosa, perseverante y generosa, pero muy perezosa de vez en cuando. Me interesa mucho la historia y la literatura. Participar en este taller me hace mucha ilusión. ¡Espero que os gusten mis relatos!

Iria Riveiro, El Puerto de Santa María, 14 años.

Enamorada de la literatura y de todo en general. Odio los estereotipos y lo considero "normal". Fan de los sueños, a veces nos dan más que nuestra vida. Bienvenido a mi club del drama.

VICTORIA

AUTORES:

MARINA MARTÍN, FRANCISCO SÁNCHEZ, NURIA ROCA, IRIA RI-
VEIRO, IZAN LOHAIZA

Está escondida detrás del mostrador de Secretaría. No me oyen o eso creo. Nunca he estado tan nerviosa en mi vida. Un millón de ideas dan vueltas en mi cabeza. ¿Me habrán viso? Y si lo han hecho… ¿harán lo mismo conmigo? Una gota de sudor resbala por mi mejilla. Quiero, necesito llamar a alguien. Recordé que llevaba mi móvil conmigo y suspiré de alivio. Palpé mi bolsillo trasero del pantalón para alcanzarlo. Nada. No había nada. Maldije. ¡Lo había dejado en la planta de arriba, justo de donde venían las voces! Dos personas, quizás tres. Era terrorífico, pero me armé de valor y me arrastré silenciosamente hasta las escaleras.

EL hospital después del crimen estaba solitario. Sus pasillos parecían sacados de aquella película de terror que vi con Vanesa. Solo que esta vez no podía apagar la televisión. Mi pesadilla era real y no tenía nadie a quien recurrir, al menos sin el móvil.

Hoy el hospital estaba vacío. Probablemente una falsa coartada para no levantar sospechas sobre Montserrat. Llegué a la planta de arriba. Visualicé mi teléfono sobre la mesilla de la séptima habitación. Aprovechando que la puerta estaba arriba, entré siendo lo más cuidadosa posible. Alcancé el móvil y busqué a Vanesa. No lo pensé dos veces y mandé un audio:

"Vanesa, estoy escondida detrás de una de las camillas de la habitacion 7. Acabo de ver algo horrible. Y creo que no podré salir de aquí. Si es así, vas a tener que resolver dos crímenes. El Montserrat y el mío. Por suerte para ti, ya está todo pensado. Ven al hospital Vall dÉbron, ya sabes, donde me ha destinado. Te pilla lejos, lo sé, pero por favor, coge el primer tren que puedas. No creo que ellos puedan reparar en las pistas que he dejado. Espero que para ti sean obvias. "

EN EL MISMO LUGAR. 3 AM

Todo está en orden. Nadie nos ha visto. Objetivo eliminado. Me giro una última vez para asegurarme de que no haya testigos de la "desdicha" que acaba de ocurrir. Oh, algo se mueve en la habitación siete. Espero que no haya nadie. Sería una lástima que otro terrible infortunio sucediese…

-¡Vaya, Victoria! ¿Tú por aquí?

Infierno rojo

Sentía el tronco en mi espalda, sí, lo sentía en toda su fealdad, con su textura áspera y ruda; pero me agarraba a ella como se agarra un soldado al crujir de la metralla esparcida en la tierra y al retumbar de los cañones, no, no porque le guste sino porque son los únicos sonidos, los únicos hechos que le hacen pensar que sigue en este mundo. Y así, justo así, me sentía yo; sintiendo la áspera madera con agradecimiento y sin ni siquiera tener en cuenta las piernas sollozadas por correr entre los arbusto, que aunque un día parecían de idilio y cuento de hadas, hoy representaban mi final.

Recuerdo cuando la vi por primera vez, y es más, lo hago con exactitud. Cuando vi aquella niña, cuando la vi aquel día me pareció tan inofensiva que no pensé que esto pudiera terminar así. No pude siquiera imaginar que cada paso que yo diera o dejara de dar fuese a estar reglado y delimitado por el agonizante miedo de sentir de su fusil en mi nuca; de disipar en la lejanía su extraña y dantesca túnica roja.

Yo nunca quise esto, antes yo era un lobo feliz y de haberlo sabido nunca me hubiese comido a su abuela.

Tribu

En ese bosque, apartada en su soledad y escondida entre los arboles se encuentra la tribu. Que, respetando sus tradiciones, aún adoran a los dioses paganos y obedecen a brujas en sus rituales alrededor de la hoguera.

Se que no estáis acostumbrados a ver tales barbaridades pero no asustaos, pues al llegar la enriqueceremos tanto en espíritu como rica es en oro.

Con la ayuda de rey convertiremos esta pantanosa aldea en una gran urbe española.

Van ustedes con Dios y del aire recogerá Dios su sacrificio para forjar con el las llaves que os abrirán el cielo. – Dijo el cura tras bendecir a los soldados y mandarlos a las afuera de Cuzco.

La linea

Un día, un profesor de plástica dibujó una linea en la pizarra y luego preguntó a sus alumnos:

- ¿Qué es esto?

Todos sus alumnos respondieron al unísono:

- Una linea.

Y el profesor, ante tal respuesta se entristeció. Borró enton-ces un trozo de la linea y volvió a preguntar:

- ¿Qué ha pasado?

Los alumnos respondieron:

- Has borrado un trozo de la linea que antes dibujó.

El profesor se entristeció aún más.

Como última opción decidió borrar casi todo lo que quedaba de esta.

- ¿Y ahora, qué ocurre?

Los alumnos volvieron a decir:

- Ahora has borrado casi todo.

En ese momento el profesor se sentó y dijo:

- Comencemos la clase.

Uno de sus alumnos decidió preguntarle por qué había dibujado la linea para después borrarla poco a poco.

El profesor respondió diciendo:

- Esta linea es vuestra vida y gran parte de ella la encontráis aquí, en el colegio, desde pequeñitos. Si estudiáis, la linea estará siempre entera o muy poco dañada. Pero si decidís iros por el mal camino y no estudiar, no quedará ninguna linea en vuestra vida y os perderéis, no encontraréis ningún buen camino. Debéis siempre dejaros llevar por vuestros valores y encontrar cuál es vuestra vocación en la vida para poder ser alguien y ser felices.

Todos se callaron. Entendieron perfectamente la metáfora de su profesor de plástica y prometieron trabajar para que su linea estuviera completa y así poder alcanzar las metas deseadas sin poder perder ninguna esperanza.

El profesor en ese momento sonrió.

Daniel Díaz Vasallo. (I.E.S La Granja, Jerez)

En Primicia

La Duna Medusa

Victoria Calvo

Avance de "Las Alas de Tara"

Hay una playa donde nacen los vientos y el cielo es de cristal. El horizonte es de color naranja y las olas salpican gotas de terciopelo. En la orilla, las algas que arroja el océano parecen mechones de sirenas y si pisas las rocas, son tan tiernas como el algodón.

Cada amanecer, Tara y yo, paseábamos por este paisaje de ensueño hasta encontrarnos con la Duna Medusa. Le puse ese nombre porque se parecía a una inmensa Carabela Portuguesa y sus largos tentáculos de arena, abarcaban toda la playa de Camposoto. Cuando llegábamos a la Duna, Tara, hundía sus patas en el barro y después se daba media vuelta para que la siguiera. Juntas, perseguíamos el vuelo de las gaviotas sobre las nubes y reíamos al ver a los peces surfear bajo la espuma. Ella sacudía su pelaje

blanco y negro de Shih Tzu, me miraba con ojos de búho y olfateaba el olor a mar de las caracolas con su nariz de botón.

Somos más que amigas, casi hermanas y ambas, tenemos el mismo lunar en el lado izquierdo de la frente. Una marca que caracteriza a los que son de la misma familia y aunque hablábamos lenguas diferentes, nos entendíamos con una sola mirada. A veces, lo único que nos conecta con nuestro interior, es la compañía de aquellos que deciden caminar junto a nosotros.

Una mañana de verano sucedió algo inesperado. Tara, empezó a correr como un galgo. Seguí sus diminutas huellas. Traspasé los límites de nuestros juegos y fui más allá de la Duna Medusa. Un destello me cegó. Escuché un trueno y el viento comenzó a soplar con una fuerza huracanada. Me alcanzó una lluvia de partículas que se pegaron a mi cuerpo como estrellas de cera. Miré mis manos. ¡Brillaban! No sentía do-

lor, solo un calor que no quemaba.

Salió un segundo sol por el oeste y distinguí que era una pequeña figura que resplandecía bajo el cielo ambarino. Emitía destellos, tonalidades de luz desconocidas. Me armé de valor y me acerqué a la aparición. Lo primero que reconocí fue su mirada, dos grandes ojos negros que me miraban con dulzura. ¡Era Tara! Había más luz dentro de ella que a su alrededor. Voló hacia arriba y después planeó para ajustar su trayectoria con las térmicas del aire. Al darse la vuelta, vi que tenía un par de alas en la espalda. Eran blancas y pequeñas como las de una paloma.

Planeó haciendo rizos cortitos en el aire, sus fuertes aleteos rozaron la cresta de la Duna provocando otra tempestad de arena.

La arenisca y las piedrecillas puntiagudas me cegaban. Apenas distinguía el espacio movedizo que tenía delante y mis pies se hundían a cada paso que daba. Después de unos minutos interminables, la tormenta fue remitiendo. El arenal se transformó en un paisaje de una belleza indescriptible. Caminaba por un sendero bordado de flores pequeñas y delicadas. Pasaban del púrpura, al rojo y del celeste al bermellón como si compartiesen los colores en una danza en la que el aire era el único acompañante. La fragancia que desprendía el baile entraba en mis pulmones como agua fresca de manantial. El perfume de las flores era limpio y cálido, húmedo y seco a la vez.

Noté un rápido aleteo en la mejilla.

— ¡Tara, tienes alas! —exclamé sorprendida.

— Siempre las tuve. He vuelto a volar cuando ha llegado el momento —tenía una vocecilla aguda, como la de una niña pequeña.

— ¡Y hablas!

— El corazón solo se expresa en un idioma —se puso boca abajo y su largo pelo rozó mi mejilla acariciándola. Observé sus alas. En cada aleteo, esparcía miríadas de puntitos brillantes. Parecía una especie de polen que al tocarlo, me daba un profundo bienestar. Eran las mismas partículas que se pegaron a mi cuerpo cuando estaba en la playa. Miré a la lejanía. Observé que al final del camino había un bosque.

— ¿Qué es esa luz que brilla como el sol?

— En un bosque mágico, aunque todos los bosques lo son.

— Es precioso... —dije maravillada.

— El mundo es así —su voz denotaba tristeza.

— Pero algunos pensamientos nos alejan de la belleza —nuestras miradas se encontraron —¡No quiero que nada me aleje de ti!

Tara, comenzó a batir sus alitas cada vez más rápido. Sus alas esparcieron el polen luminoso sobre el camino hasta que la vi perderse en la frondosidad. Seguí sus señales y a medida que avanzaba, mis huellas se fueron borrando hasta desaparecer.

Sachsenhausen

Le apretaron las esposas y dos soldados se lo llevaron dentro. Lo empujaron contra la pared, le dispararon y lo tiraron al montón de cuerpos cuando, a pesar del disparo en el pecho, un escalofrío agónico recorría su cuerpo ya sin vida, bueno o con ella, ¡no lo sé! y no es importante pues si la tenía no tardaría en ahogarse en su propia sangre, la que además de las paredes no tardaría en llenar sus pulmones.

El caso es que estaba muerto y quedaban 63 personas que antes de terminar la mañana tenían que estarlo también. Por eso los guardias salieron y se llevaron a otro. Sin fruncir el ceño sin cambiar la cara con el rigor y la naturalidad con la que un doctor va llamando a los pacientes para pasarles consulta.

El que entro ahora en la habitación tenia el pelo oscuro, o al menos eso parecía indicar el poco que le quedaba, y estaba bastante gordo, no me malinterprete no es que estuviera gordo de por si, incluso se le marcaban las cotillas, pero teniendo en

cuenta que la mayoría de por aquí son ya más esqueletos que hombres este señor estaba obeso. Esto se debía a que acababa de llegar ¿Qué como lo sé? Porque el muy idiota le escupió al oficial en la cara pensando que ya no podía hacer nada peor que matarlo, lo cual demuestra que definitivamente nunca había estado aquí. Obviamente lo sacaron, no podían recompensar con una muerte tan rápida como un disparo a alguien que le faltaba el respeto a los oficiales.

Para suplir a este llego un hombre más sabio que con alegría abrazaba ya la muerte y esperaba con ansia que la bala atravesara su cuerpo y lo dejara descansar. Pues no había más que mirarlo que ya llevaba años esperando ese momento en el que su ya

ba el disparo para tornarse al llanto descontrolado.

Después de matar al niño empujaron a la madre y le dispararon a ella también.

Uno tras otro fueron entrando en la habitación hacían cola y no intentaban escapar así se llevaron todo ese día hasta que a las doce y media ya no quedaba nadie.

Los últimos en entrar fueron los dos soldados que apuntándose el uno al otro se dispararon a la cuenta de tres con cierta indiferencia.

A la mañana siguiente un coronel vino a quitarle los trajes a los cadáveres y se los puso a dos nuevos presos a los que les explico la tarea y les detallo el castigo por no hacerla.

Caso real.

Esta practica se dio en todos los campos de exterminio nazis entre el 1939 y el 1945 también aunque los personajes son ficticios me he inspirado en el campo se Sachsenhausen que fue el primero en construirse y por el que pasaron numerosos españoles entre ellos Largo Caballero presidente de la república.

cansado corazón dejara de darle sangre a sus órganos ya desgastados y a su cuerpo que, aunque antes fue bello ahora no era más que un amasijo de huesos.

Tras morir este, feliz llego un niño. No lloraba estaba contento porque hoy no había tenido que trabajar. Detrás suya venia su madre que gesticulaba entre las lagrimas una sonrisa tan falsa que espera-

Relamerse

Tus amigas, las lentejas

Son pequeñitas, unas más que otras, según la variedad. Hace años, las lentejas traían algunas piedrecitas del campo que había que quitar antes de guisarlas. Y entonces, nuestros padres nos encargaban ese trabajo, que hacíamos los niños de la casa en la mesa de la cocina. Luego, las lentejas se lavaban debajo del grifo, y ya iban directamente a la cacerola.

Las lentejas son legumbres, igual que los garbanzos o las judías. Casi siempre se guisan con ajo, cebolla, tomate, pimiento, laurel, pimentón y aceite de oliva. Bueno, también llevan una patata pelada y troceada, que le da un gusto estupendo. Y se pueden hacer en una olla normal o a presión, que seguramente habrá en tu casa. En el

caso de las lentejas, se tarda alrededor de una hora. Eso sí, hay que tener cuidado de que no se queden secas, sin líquido, por lo que conviene irle añadiendo agua poquito a poco.

Dicen los que saben mucho de esto que los niños –y también los adultos- deberían tomar lentejas un día a la semana. Están riquísimas y te ayudarán a estar fuerte y contento.

Como las lentejas se comen con cuchara, lo mejor es quitar del plato los ajos, la cebolla, el pimiento y el laurel, quedando solo las lentejas y las patatas, y así podrás comerlas mucho más fácilmente, sin tener que apartar nada.

Y encima de las lentejas, una buena ensalada (zanahorias, tomatitos o pepinos). Y un cachito de pan para acompañar con un vaso de agua; nada de refrescos, que llevan mucho azúcar y no alimentan.

El plátano, el más chulo

Seguramente tus padres y tus maestros te dirán muchas veces que tienes que comer fruta, que te lleves frutas al colegio para la media mañana. Pues bien, tengo que decirte que yo soy la fruta más guay del mundo, todos lo saben y por eso me quieren tanto.

Estoy buenísimo y además, soy el más fácil de pelar y comer, ¿A que sí?. Me llamo Plátano de Canarias y vengo de esas islas que están a la izquierda y muy por debajo de España. Tengo el título de Indicación Geográfica Protegida, es decir, que no soy una fruta cualquiera. Siempre ha habido clases.

Me puedes encontrar en todas las fruterías, que seguramente estarán abiertas cuando tú vas camino del colegio. Me mantengo muy bien y quepo perfectamente en tu mochila o en tu bolsita de la merienda.

Debes saber que soy muy famoso en todo el mundo, aunque a veces me confunden con la banana, de

sabor más endeblito, yo es que tengo una potencia que me hace inolvidable.

Llevo en mi cuerpo azúcares y carbohidratos, por lo que en cuanto me comes empiezas a sentirte más fuerte y con más ganas de marcha. Tengo muy claro que soy la fruta ideal para el recreo porque puedo ir a cualquier sitio casi sin molestar, sin necesidad de cuchillo ni plato. Me pelas un poquito, me vas mordiendo y, luego, eso sí, no olvides poner mi piel en una papelera, que hay muchas por la calle, no la vayas a tirar al suelo, que eso es de maleducados.

Me gustaría que me llevaras contigo siempre, uno todos los días, en lugar de esos zumos industriales o incluso caseros que venden por ahí con tantos dibujitos. Y es que yo te puedo dar mucho potasio, magnesio, vitamina B6 y C, entre otras cosas buenas, además de fibra y antioxidantes. Soy sin duda el mejor.

Ah! y no me dejes olvidado en la mochila, que luego me pongo blandengue y ya no te gustaré tanto, además de que puedo mancharte los libros.

Y fíjate si soy bueno, que hasta Rafa Nadal come plátanos durante los partidos de tenis para estar más fuerte, y ya ves que los gana todos.

Un plátano al día, por lo menos.

25-N

Sobre grises adoquines

Yo yacía desolada

Viendo caer la sangre

En mi mejilla rosada

Mama, te echo de menos

Al verte en la mañana

Nunca me hubiese ido

Si esto adivinara

Cinco me acorralaron

Cobardes, que en manada

Desgarraron mi ropa

Yo estaba ultrajada

Disfrutaron y gozaron

Al verme desesperada

Grabaron un video que

La barbarie narraba

Estoy en juicio

Cansada y amargada

Y mientras ellos roban

Unas gafas para playa

Si salgo con amigas

Su defensa me declara

Como una mentirosa

Que en falso denunciaba

Y es que solo querían

Verme sola, encerrada

Solo quiero que sepan

Que estamos liberadas

La mujer a la cocina

ya es agua pasada

Que se vayan enterando

Caballeros con espada

Que ahora no hay torres

Ni princesas atrapadas

Que ahora nos valemos

Con lucha organizada

Conseguiremos igualdad

A buenas o a malas

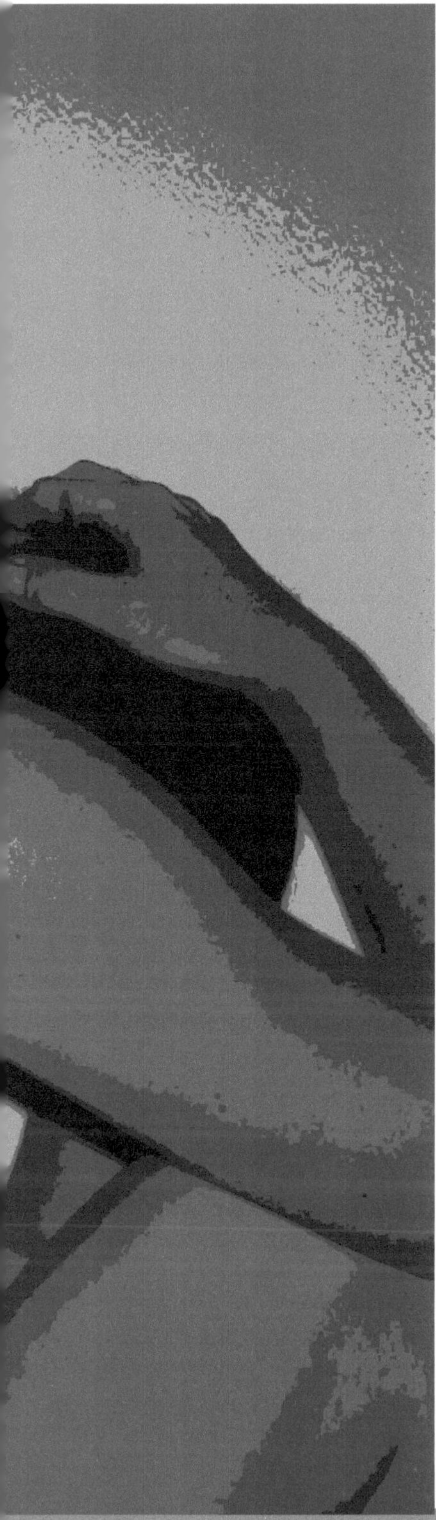

Y ahí estaba yo. Sola, sabiendo que esta guerra ya estaba perdida, sin fuerzas para poder defenderme, sin fuerzas siquiera para avisar al gobierno.

Era ya un cuerpo sin alma, un saco de huesos esperando a la muerte con ansia. A sabiendas de que si no me mataba, de que si mi sangre no se derramaba bajo sus cuchillos, de que si mi cuerpo no terminaba yaciendo bajo él tras un golpe, de que si no me atravesaba de un disparo, me esperaba algo peor. La tristeza me iría asfixiando poco a poco, mientras me desangraba por las profundas heridas que había dejado en mi la incertidumbre de no saber si viviría mañana.

Sin embargo a nadie parecía importarle, el mundo seguía avanzando, nada cambiaba y como ayer, el anterior y todos los días que logro recordar ya vuelve del trabajo. Espero que hoy venga enfadado, espero que me mate al fin y que con mi vida se acabe este infierno.

No se si estoy libre de pecado, pero el infierno de las escrituras no se podrá comparar con servirle el desayuno todas las mañanas con una falsa sonrisa.

Pablo Sánchez González

El ÁTICO de los gatitos

Hasta el número 6